LANDLEBEN IM WENDLAND – LEBENSBILDER & GESCHICHTEN

VON
MICHAEL SEELIG
UND
TIMO VOGT

LANDLEBEN IST MACHBAR

WARUM DIESES BUCH?

Es ist schön hier im Wendland. Ich lebe gern hier, seit über 30 Jahren. Es ist meine – unsere – Heimat geworden. Die Kinder sind erwachsen, ausgezogen und wiedergekehrt – das freut die Eltern.

Viele Menschen kommen zu uns auf den Werkhof – unser Anwesen, das meine Frau Inge und ich gemeinsam geschaffen haben. Wir finden Anerkennung dafür. Wir lassen unsere Gäste teilhaben an unserem Besitz und den Freuden des Landlebens. In regem Austausch erweitern wir auf dem Werkhof unseren handwerklichen und künstlerischen Horizont. Oft sagen die Leute: „Es ist ein Paradies hier."

Wir haben uns gekümmert – nicht nur um den eigenen Vorgarten. Und vor allem: nicht allein. Gemeinsam mit Freunden und anderen, die Freunde wurden, entstanden der Pfingstmarkt Kukate, später die Wunde.r.punkte, aus denen die Kulturelle Landpartie wuchs. Dazu die Öxpo – das ökologische Schaufenster der Region und der Förderverein weben+ mit seinen Kongressen und Fachtagungen. Es ist ein lebendiges Leben. Der atomare Wahnsinn, der sich in Gorleben zementiert, ist eine permanente Herausforderung, neue kreative Widerstandsformen zu finden. Wir haben manches bewegt in dieser stillen Landschaft. Manchmal etwas rastlos.
Soll es dir selbst gut gehen – muss es auch deinem Nachbarn gut gehen.

Es ist nie genug. Um mich herum sehe ich, dass viele Höfe leer stehen und kleine Geschäfte schließen. Jugendliche haben es schwer, einen Ausbildungsplatz zu finden. Viele Menschen sind arbeitsuchend, die öffentlichen Haushalte überschuldet. Wie überall sollen Einrichtungen geschlossen werden.

Aber es ist schön hier – sehr schön! Wir genießen die üppigen Qualitäten eines Lebens mit der Natur, frühstücken in der Sonne im Garten und schauen den Hühnern zu – sie wirken oft menschlich.

Schade eigentlich – wenige Menschen scheinen sich ein Leben auf dem Lande zuzutrauen, obwohl viele es sich sehnlichst wünschen und auch einrichten könnten. „Ist es hier nicht zu einsam?", fragen sie. „Hier ist ja nichts los, kein Kino, keine Disko! Es gibt hier keine Arbeit! Und wie ist es im Winter?"

Wenn hier „was los" sein soll, muss man es selbst los machen. Was viel mehr Spaß bereitet, als nur eine Eintrittskarte zu kaufen. So entstehen neue Kontakte und neue Fähigkeiten. Tatsächlich ist hier ständig etwas los. Überall finden sich Freunde. In jedem Dorf könnten wir irgendwo zusammen Kaffee trinken – auch eine der netten Folgeerscheinungen des Gorleben-Widerstandes.

Zum Leben und Überleben in dieser Provinz steuern die „neuen Nachbarn" viel bei. All diese „Zugezogenen", die – wie wir – ein privates Projekt begonnen und sich ein gutes Leben auf dem Lande eingerichtet haben. Alle Menschen, die in diesem Buch vorgestellt werden, sind solche Zuwanderer. Mit ihren Ideen und Projekten stehen sie stellvertretend für die Vielfalt im Wendland, spiegeln die endlosen Möglichkeiten dieser „ökologischen Modellregion", wo die Ziele der Agenda 21 allmählich Alltag werden.

Die Beispiele wollen Mut machen und zur Nachahmung anregen. Denn nicht alle Plätze hier sind besetzt. Viele Höfe warten auf neue Besitzer und neue Ideen. Wer neugierig geworden ist, kann sich an die Protagonisten in diesem Buch wenden. Sie sind bereit, persönliche Erfahrungen zu teilen, das zu erzählen, was man in keinem Buch schreiben kann. Nehmen Sie Kontakt auf. Sie dürfen gespannt sein.

Landleben ist machbar! Herzlich willkommen im Wendland.

Michael Seelig

Mechthild Magerl *1965 in Halle und Jens Magerl *1964 in Erfurt mit ihren beiden Söhnen Jonathan und Leonard.

Jonathan und Leonard besuchen die FREIE SCHULE HITZACKER. Sie ist eine staatlich anerkannte Gesamtschule, die auf der Grundlage der Pädagogik Rudolf Steiners arbeitet. **www.freieschulehitzacker.de**

Das Töpfern ist fast schon ein Traditionsgewerbe im Wendland. Neben der Werkstatt von Mechthild Magerl in Bussau finden sich in vielen anderen Dörfern Töpfereien, etwa in Prießeck, Satemin und Luckau.

MECHTHILD UND JENS MAGERL

„HIER IST ES SCHÖN! HIER WOLLEN WIR LEBEN!"

Fast wie im Märchen: Ein Paar aus dem Osten will nach der Wende in die weite Welt, als Entwicklungshelfer nach Guatemala. Beide lernen Spanisch, kündigen Arbeit und Wohnung, verteilen den Hausrat und verabschieden sich. Nur die Cholera-Impfung fehlt. Da stellt sich heraus, dass sie schwanger ist.

Die Wende war Glück und Ernüchterung. Keine FDJ, kein Abitur, hatte es bei ihr geheißen. Mechthild wurde Erzieherin, später Töpferin. Jens studierte Theologie, arbeitete in Erfurt mit Randgruppen, engagierte sich in der gewaltfreien Revolution, beobachtet und infiltriert von der Staatssicherheit, wie sich später zeigte. Beide unterschrieben beim Neuen Forum, hofften auf eine „gute Wende", eine gerechtere Gesellschaft. Jens nahm an einem Hungerstreik gegen Stasi-Spitzel in der West-Politik teil. Die Welt war groß geworden, das Paar wollten sie sehen. Ein Waisenkinder-Projekt in Guatemala wartete. „Alles war in Sack und Tüten." Da wurde sie schwanger.

„Zum Kind kriegen ins Wendland", lautet der Alternativplan. Das hatten sie just kennengelernt. „Eine Idylle, die nicht nur Idylle ist", sagen sie sich, „dort finden wir Gleichgesinnte." Das Ehepaar fährt mit dem Zug nach Salzwedel, von dort per Fahrrad weiter. Am zweiten Tag rasten sie vor einem verlassenen Haus in Bussau. „Hier ist es schön! Hier wollen wir leben!" Der Besitzer im Nachbardorf winkt zunächst ab, gibt ihnen dann doch die Schlüssel. Sie dürfen mietfrei wohnen. Der Komfort ist minimal: Ein Wasserhahn, Klo übern Hof, zwei kaputte Ölöfen.

Zwei Wochen später ziehen sie ein, schaufeln Dreck, reparieren kaputte Wasserleitungen, dichten zugige Fenster ab, verjagen die Mäuse, machen einen Raum winterfest. Jonathan wird im provisorischen Wohnzimmer geboren; zwei Jahre später folgt Leonard. Mit den Kindern schlägt die Familie Wurzeln. Jens wird Tischler. Allmählich bauen sie das Haus aus – auf Treu und Glauben. Mechthild macht sich selbständig, kauft eine Töpferscheibe und ein bisschen Ton, leiht sich einen Ofen und legt los. Ihre farbenfrohen Fayence-Keramiken werden ein Erfolg. Längst ist ihr Werkstattladen bekannt. „Und es macht Spaß", sagt die Töpferin, während sie die frisch gedrehte Tülle an den Korpus einer werdenden Teekanne presst.

Es war nicht immer einfach, hier im Westen. „Man denkt, man spricht dieselbe Sprache", meint Mechthild, „aber die Wörter sind mit anderen Erfahrungen gefüllt." Jens arbeitet nun mit Flüchtlings-Kindern in Dannenberg und auch als Konflikt-Mediator. Die Jungs gehen auf die Freie Schule in Hitzacker. Den Hof konnte die Familie inzwischen kaufen. Es ist heimelig geworden. In den dicken Lehmwänden laufen Heizungsrohre, die das Haus wärmen und das Fachwerk gesund und trocken halten. Ein Zuhause.

Dr. Ernst Schöttle *1931 in Basyrjamka

WEGAS WENDLÄNDER BIOGAS entsteht bei der Vergärung pflanzlicher Rohstoffe (Gras, Mais, Grünroggen), Mist oder Gülle in Biogasanlagen. Es ist ein Gasgemisch aus CO2 und Methan, das vor Ort in Gas- oder Dieselmotoren in Strom umgewandelt wird. Der Strom wird ins Netz eingespeist, die anfallende Wärme wird zur Beheizung der Anlage genutzt und steht für Nahwärmenetze zur Verfügung.
Die Raiffeisenwarengenossenschaft (RWG) **www.rwg-jameln.de** betreibt seit Ende 2005 eine der 20 regionalen Biogasanlagen. Mitte 2006 eröffnete sie in Jameln Deutschlands erste Biogastankstelle. Um Biogas als Kraftstoff nutzen zu können, wird es so aufbereitet, dass es 96% Methan enthält und damit Erdgas-Qualität erreicht. Im Vergleich zu Benzin kostet der mit Biogas gefahrene Kilometer heute nur die Hälfte und ist zudem CO2 neutral. **www.gibgas.de**

DR. ERNST SCHÖTTLE

DIE ENERGIEREVOLUTION AUS DER TENNE

Sein Berufsleben spielte zwischen New York und Osaka – 31 Jahre lang jettete Dr. Ernst Schöttle als Manager der Schering AG durch die Welt. Das Wendland war der Gegenpol, wurde zu seinem Landeplatz. Hier träumte er von seinen bäuerlichen Wurzeln, hielt sich Heidschnucken und schnitt den Wein am Haus.

Hinter dem verglasten Tennentor geht Ungewöhnliches vor. Ein Mann steht in einem Gewirr von Gefäßen, Glasrohren und Gerätschaften, liest Instrumente ab, macht Notizen. Dort, wo andere ihre gute Stube haben, hat Dr. Ernst Schöttle sein Labor. Seit zwei Jahren erobert es immer mehr Terrain im Haus, ist zum Treffpunkt der Biogasfreaks geworden. Oft sitzen am langen Tisch Bauern, Betriebswirte und Ingenieure, Mikrobiologen und Chemiker, die über pH-Werte, Puffersysteme und das Wohlbefinden von Mikroorganismen fachsimpeln. Sie arbeiten an der Energierevolution auf dem Lande. Gib Gas! Gib Biogas!

Einst promovierte der Chemiker über das Fischer-Tropsch-Verfahren, mit dem aus Kohle Öl gewonnen wird. Schon Nazi-Deutschland versorgte sich so mit Treibstoff, in Südafrika wurde das Verfahren übernommen und wird bis heute betrieben. Er kennt die Fischer-Tropsch-Synthese, ist aber kein Fan dieser unökologischen Technologie. Sein großes Ziel: Der Siegeszug erneuerbarer Energie. Bald schon soll das Wendland zu 100 Prozent aus regenerativen Energiequellen versorgt sein. Dr. Schöttle hilft beim Aufbau dezentraler Lösungen wie der Biogasanlage in Jameln, unterstützt die Energie-Pioniere mit wissenschaftlichem Sachverstand. Er lebt jetzt „nur noch mit einem Viertelbein in Berlin", ist zumeist im Wendland. Oder auf Fachtagungen und anderen Terminen. „Ich war nie ein Überflieger", sagt er, „aber ich glaube, ich kann verschiedene Disziplinen miteinander verbinden."

Seit 30 Jahren kommt Ernst Schöttle ins Wendland, sein Refugium. Das Zweiständer-Haus entdeckte er im Nachbarort Zebelin – eine Ruine, die ihn reizte. Von Handwerkern ließ er das Baudenkmal demontieren und in seinem Dorf Kukate originalgetreu wieder aufbauen. Ein Altbau, ein Neubau? Auf jeden Fall ein Novum: Der schmucke neue Altbau wurde wieder unter Denkmalschutz gestellt. Von einem stillen Alterssitz aber kann keine Rede sein. Von Spaß schon: „Was immer ich in meinem Leben gelernt habe, hier kann ich es ganz unvorhergesehen anwenden."

Manches Laborgerät hat er über Ebay besorgt. Leise surren die Maschinen im großen Raum. Motoren rühren in Fermentern das Biogemisch, eine braune Brühe. Der Gasanalysator zeigt, was entweicht, das Volumenmessgerät verrät, wieviel. „Es geht um Optimierung", erklärt Dr. Schöttle, „darum, die Kinetik des Prozesses zu verstehen". Wann passiert was in welchem Umfang? Wie lässt es sich beeinflussen? Seine Augen blitzen dabei neugierig durch die Brillengläser.

Heinke Kelm *1957 in Cuxhaven-Lüdingworth

Das „BIOSPHÄRENRESERVAT NIEDERSÄCHSISCHE ELBTALAUE" mit dem Verwaltungssitz in Hitzacker ist Teil des UNESCO Biosphärenreservats Flusslandschaft Elbe.
Das grüne Band der Mittelelbe reicht 400 Stromkilometer von Torgau bis Lauenburg und umfasst in den Ländern Sachsen-Anhalt, Brandenburg, Niedersachsen, Mecklenburg-Vorpommern und Schleswig-Holstein 342 848 Hektar Schutzgebiet mit unterschiedlichem Status.
Der niedersächsische Teil erstreckt sich von Schnackenburg bis Hohnstorf und umfasst 56 760 Hektar, davon 34 010 Hektar EU-Vogelschutzgebiet.
www.elbtalaue.niedersachsen.de

HEINKE KELM

DIE NATUR VOLL IM BLICK

Seit ihrer Kindheit war Heinke Kelm immer in der Landschaft unterwegs. Naturschutz ist ihre Berufung. Sie will Menschen die Schönheit der Region zeigen, ihr Bewusstsein für ökologische Zusammenhänge schärfen. Ihr Ziel: Ein gutes Zusammenspiel von Kommunen, Landwirtschaft und Naturschutz.

Sie war das älteste von sechs Kindern auf einem Bauernhof im Lande Hadeln, einer Marschenlandschaft zwischen Elbe und Weser. Die Natur hat Heinke Kelm immer interessiert. In der Grundschule führte sie ein Beobachtungstagebuch. Im Gymnasium legte sie ein Herbarium an. Nach dem Abitur wählte sie Handfestes: Ländliche Hauswirtschafterin, später dann Krankenschwester. „Ich hätte Wissenschaftlerin werden können", sagt sie rückblickend. Autodidaktisch wurde sie zur Botanikerin. Zwei Berufe und dazu eine Berufung: der Naturschutz. Als die Landschaft rund um den elterlichen Hof drainiert werden sollte, kartierte Heinke die Tier- und Pflanzenwelt und dokumentierte den seit den Nachkriegsjahren stattgefundenen Wandel. Sie wollte, die Folgen ahnend, die Veränderung zumindest öffentlich machen.

Ihren Platz findet sie 1988 in Grippel in der Elbtalaue, als ihr Mann Revierförster in Pretzetze wird. Dort leben das Paar und die zwei Kinder nun mit Dackel und Hühnern in einem Haus mit Gemüsegarten. Beide fasziniert die wunderschöne Region am Strom. Systematisch begannen sie die Artenvielfalt zu erfassen, er als Ornithologe, sie als Botanikerin. „Wir sind ein Team. Mein Mann blickt eher in den Himmel und bestimmt die Vögel. Mein Blick ist mehr auf die Erde gerichtet. So haben wir die Natur voll im Blick." Heinke begeistert sich für bunte Wiesen und lebendige Feldraine, freut sich über Feld-Mannstreu, Klappertopf und die Zaunrübe. Sie spricht für die Natur und gibt ihr Wissen weiter – auf Exkursionen mit Kindergartenkindern, Schülern und Erwachsenen. 2007 feierte sie ihr „25-jähriges Kartierer-Jubiläum".

Heinke Kelm engagiert sich beim BUND, 2004 gründet sie gemeinsam mit dem inzwischen verstorbenen Heinz Walter Kallen einen Botanischen Arbeitskreis, schaut für das Biosphärenreservat zwischen Vietze und Dömitz nach dem Rechten. 2002 wird sie Erste Vorsitzende des Landschaftspflegeverbandes Wendland-Elbetal, der Ideen wie das „Kräuterheuprojekt" und das „Huteschafprojekt" unterstützt und entwickelt. Bis zu ihrem 60. Geburtstag, noch ein gutes Weilchen hin, soll ein Buch über die hiesige Pflanzenwelt fertig sein. Sie ist froh, dass der Verdienst ihres Mannes ihr genug Zeit für all die Aufgaben lässt. Lüchow-Dannenberg ist ihr Heimat geworden: „Überall in der Region treffe ich Freunde und Bekannte", sagt Heinke Kelm. „Doch viele Menschen wissen gar nicht zu schätzen, wie schön sie es hier haben."

Freia Zwosta *1953 in Zweibrücken und Rudi Roth *1953 in Dieterskirch

PFERDE sind neben Menschen die vielleicht prägendsten Bewohner des Wendlands, in manchen Dörfern sind die Vierbeiner in der Überzahl. Neben dem Reitzentrum Hohenvolkfien werben viele andere Reiterhöfe um Besucher – mit Kursen, Reitferien, Turnieren und auch therapeutischem Reiten.

Auf über 500 km Reitwegen kann man mehrtägige Reitwanderungen unternehmen.
www.elbtalaue-wendland.de/wanderreiten

FREIA ZWOSTA UND RUDI ROTH

ÜBER DEN WIESEN VON HOHENVOLKFIEN ERKLINGT BREITES SCHWÄBISCH

„Wir wollen nicht von, sondern für und mit den Pferden leben", sagen Rudi Roth und Freia Zwosta. Im Wendland haben sie den lange gesuchten Ort für ihre Träume gefunden: Einen Hof für ihr Reitzentrum. Und die Wendländer? „Das passt hervorragend", meint Rudi, „die sind genau so stur wie die Schwaben."

Rudi führt die Tinkerstute Megan in die Halle, spricht mit ihr, streicht dabei mit der Gerte sanft über den linken Vorderlauf. „Bei uns ist die Gerte der verlängerte Arm", erklärt Freia, „und nicht zum Prügeln da." Die Stute wird ruhig. Rudi berührt sie mit der Hand, führt kreisende Bewegungen aus. Eine ganz spezielle Technik: Der TTouch, entwickelt von der Kanadierin Linda Tellington-Jones, Botschafterin für ein besseres Verständnis zwischen Pferd und Mensch. „Die Pferde sollen mitdenken lernen", sagt Freia, Megans Besitzerin schaut aufmerksam zu.

In einem anderen Leben war die Pfälzerin Freia Zwosta Fremdsprachenkorrespondentin und Industriekauffrau. Dann wurde sie Mutter einer Tochter, warf einen anderen Blick auf die Welt, machte Yoga, Feldenkrais und eine Ausbildung zur Reiki-Meisterin. Mit Anfang 30 kam sie „aufs Pferd", zog im Wohnmobil los mit Tochter, zwei Hunden und einem Ross im Anhänger. Auch der Schwabe Rudi Roth war einst ein anderer: Diplomverwaltungswirt im Ernährungsministerium von Baden-Württemberg. Als die Ernennung zum Beamten auf Lebenszeit drohte, stieg er aus, ging nach Indien, wurde reisender Reitlehrer, Trainer und Tierheilpraktiker. Rudi springt nach dem Chiron-System, auch ohne Zaumzeug und Zügel. Freia lernte ihn kennen, als sie einen Trainer suchte, versehentlich in der Zeile verrutschte und die falsche Nummer wählte. 2002 kamen sie nach Hohenvolkfien.

Stolz führt Freia über den Hof. Auf sechs Hektar ökologisch bewirtschafteten Weiden haben die Pferde Platz. Rundum gibt es viel Land zum Ausreiten. Im Wohnhaus muss noch manches geschehen, für die Pferde aber ist alles optimal. Im Auslauf tobt schnaubend Paco, ein Spanier und „Macho, wie er im Buche steht", meint Freia grinsend. Früher diente er bei den Karl-May-Festspielen. Monty, ein Haflinger, kommt heran. Neun eigene Pferde haben sie hier, dazu Pensions- und Berittpferde wie Megan. „Unsere Pferde", sagt Freia, „sind keine Sportgeräte. Sie haben ihren eigenen Charakter".

Es ist harte Arbeit. Tiere, Ställe und Land brauchen ständige Pflege. Der große Offenstall etwa muss zwei- bis dreimal täglich ausgemistet werden. Aber es ist ihr Lebenstraum. „Der Hof ist, was wir wollten", schwärmt Rudi, „und war dazu bezahlbar." Ihre Botschaft für alle Reitschüler und Feriengäste: Die Partnerschaft zwischen Mensch und Tier.

Katrin Karmann *1966 im Rheinland, Oliver Kranik *1973 in Göttingen und Sohn Luis

Neben dem Sonntagscafé in Diahren haben sich im Wendland viele andere TREFFPUNKTE etabliert. Auch im Café Grenzbereiche sieht man sich seit Jahren sonntags um 10 Uhr zum Frühstück. Schon seit 1980 gibt es im Gasthof Meuchefitz die „Donnerstagskneipe" – ein abendlicher Anlaufpunkt für die ländliche Alternativszene, im Sommer mit Pizza aus dem Steinofen.
Für größere Treffen und Veranstaltungen bietet Lüchow-Dannenberg viele schöne TAGUNGSHÄUSER.
Mehr unter **www.tagungshausverbund.de**

KATRIN KARMANN UND OLIVER KRANIK

UNFERTIGES LÄSST RAUM FÜR NEUE IDEEN

Paar sucht Hof für große Träume - kein untypischer Wunsch für Neubürger des Wendlands. Zunächst kamen Katrin Karmann und Oliver Kranik zu einem Chor-Wochenende zu Besuch. Später wurden sie im Dorf Diahren fündig. Hier bekamen sie ein Kind, züchten walisische Kühe und machen Kunst.

Mücke, Sanne, Murmel, Emil und Enno heißen die Jungtiere. Seit vier Jahren baut Oliver eine Welsh Black Mutterkuhherde auf. Shirin und Möhre, die „Gründungsmütter", bekam Oliver geschenkt, den Bullen Lars kaufte er später hinzu. Die robusten Rinder leben das ganze Jahr über auf der Weide, die Kälbchen bleiben bei den Müttern. Wenn es stürmt und schneit, suchen sie Schutz im offenen Unterstand. „Wir lernen immer Neues, das macht das Leben hier spannend", sagt der gelernte Tischler. Heute kann er Trecker fahren und Weiden managen, weiß, wie man Heu und Silage macht, Fleisch verarbeitet und vermarktet. Er bewältigt sogar die Bürokratie, die mit EU-Umstellungsprämien einhergeht.

Katrin lernte das Wendland Anfang der 90er als Journalistin kennen. Sie war im Erkundungsbergwerk Gorleben, wunderte sich über die vielen gelben Xe in den Dörfern – Symbole des Widerstands gegen die Atommülltransporte. Die Landschaft, auch die politische und kulturelle Szene, reizte sie. Da kam der Gedanke: „Hier will ich mal leben..."

Jahre später begann das Paar den passenden Hof für all seine Wünsche zu suchen: Kinder, Pferde und ein Garten, der sie versorgt. Kreativ sein, Musik machen, mit Freunden leben. Sie finden ihn – in Diahren: Ein Hof mitten im Dorf. Vorn der schöne Rundling, hinten der Garten, fünf Hektar Weide und ein satter Blick über Wiesen und Felder. Ein Architekt entwirft gewaltige Ausbaupläne für Haupthaus, Scheunen, Stall und Nebengebäude – ein Riesenprojekt. Gebaut wird die kleinere Lösung, eine Wohnung im Stall. Der Rest füllt sich allmählich mit Leben. „Alles braucht seine Zeit", sagt Katrin, „Unfertiges lässt Raum für neue Ideen."

Sohn Luis wird als Diahrener geboren. Durch ihn verändert sich der Blick, die Idee einer großen Hofgemeinschaft verliert an Glanz. Im leeren Haupthaus entstehen erste Rauminstallationen, für Katrin der Beginn einer „zweiten Karriere" als Künstlerin. „In Räumen zu denken und Räume zu gestalten entspricht mir. Ich brauche die Herausforderung und genieße den Erfolg." Während der Kulturellen Landpartie zeigt sie ihre Arbeiten, auf dem großen Scheunenboden gibt es Musik und Theater, darunter, im alten Schweinestall, Katrins Kuchen und Olivers Brot und Brötchen aus dem Holzbackofen. Das Diahrener Sonntagscafé ist geboren – zunächst nur ein Kaffeeklatsch, heute ein etablierter Treffpunkt für Einheimische und Gäste.

Kerstin Wittstamm *1963 in Münster und Willem Wittstamm *1955 in Recklinghausen mit Lola, Oskar, Josef und Onno

Kerstin Wittstamm engagiert sich bei den Eigenproduktionen des KULTURVEREINS PLATENLAASE E.V. Mit einem wöchentlichen Mix aus Kinovorstellungen, Theater- und Musikabenden, politischen Veranstaltungen, durchtanzten Nächten, Jugendprojekten und Workshops wurde der Kulturverein Platenlaase e.V. zu einem Herzstück des Kulturlebens im Wendland. **www.platenlaase.de**

KERSTIN UND WILLEM WITTSTAMM

WAS VERSCHLUG DIE WITTSTAMMS AUSGERECHNET NACH CLENZE?

Wer durch Clenze fährt, kann schon ein wenig depressiv werden. Läden stehen leer, manche Häuser verfallen. Die „Löwen-Villa" aber erstrahlt in funkelndem Blau-Weiß. Sie sticht in Clenze heraus wie eine Villa Kunterbunt. Hier hausen die Schauspieler Kerstin und Wilhelm Wittstamm und ihre vier Kinder.

Auf den Pfeilern neben der Einfahrt wachen drei steinerne Löwen. An der Haustür lächelt eine pinke Pappmaché-Puppe mit blonder Perücke. Man ahnt, dass die Leute hier ein wenig anders sind. Wobei über die „Löwenvilla" schon immer viel erzählt wurde – von Einschusslöchern und einquartierten Soldaten, einer Nerzzucht, Knochen im Garten und Hühnerställen im Obergeschoss. Im Sommer 1994 sind Kerstin und Willem Wittstamm nach vielen Jahren im Zirkuswagen hier sesshaft geworden.

Was hat sie ausgerechnet nach Clenze verschlagen? Was lockt hier? Das schöne Haus mit Nebengebäuden und Garten scheint ein ziemlich idealer Standort für eine junge, wachsende Familie: Vorne die Straße – „das ist das Leben", sagt Kerstin. Der Bäcker ist nebenan; Bioladen, Supermarkt, Apotheke sind zu Fuß zu erreichen. Onno geht in Clenze in den Kindergarten, Josef, Lola und Oskar zur Kooperativen Gesamtschule, die Kinder aus dem ganzen Wendland anzieht. Das Freibad ist um die Ecke. Obendrein ist es bezahlbar. Freunde hatten sie hierher gelockt, führten sie in die „Szene" ein. Im Jahr darauf heirateten sie – und luden per Zeitungsannonce zur Feier. „Dieser Landkreis ist voll Neugier und Kommunikation", sagt Kerstin. „Wir sind sofort drin gewesen." Gewiss gibt es auch immer Tratsch. Doch mit den Alteingesessenen arrangiert man sich in friedlicher Koexistenz.

Das Leben der Großen spielt auf vielen Bühnen. Kerstin macht Theater – von Produktionen mit Behinderten beim Verein „Terra est Vita" in Belau bis zu Weihnachtsmärchen im Kulturzentrum Platenlaase. Wilhelm wirbelt als Zauberer durch Deutschland – beim Circus Roncalli, bei schicken Events, aber auch auf dem Clenzer Dorffest. So sehen die Bürger, dass die „Chaoten" nicht die Schlechtesten sind. Seit Jahren organisieren Kerstin und Willem die „Kulturelle Lachparade" mit bekannten Varietékünstlern. Ihr Zirkuszelt „Musenpalast" steht aber auch an der Transportstrecke, wenn Castorbehälter voller Atommüll durchs Wendland Richtung Gorleben rollen – mit 72-stündigem Dauerprogramm, das die frierenden Atomkraftgegner aufwärmt und bei Laune hält.

Der Kaffee dampft in der stillen Küche. Zur vollen Stunde schreit der Kuckuck aus der Uhr über dem Tisch. Hinter der Scheune endet der Ort, locken Wald, Wiesen, Felder. Bald wird es wieder laut in Haus und Hof. Die Schule ist gleich zu Ende.

Michaela Leder *1960 in Augsburg, und Dieter Sauter *1948 in Ettlingen

Dieter Sauter ist Ratsherr der UWG (Unabhängige Wählergemeinschaft). Die UWG wurde als ein politisches Sprachrohr der Atomkraftgegner aller Ausrichtungen vor etwa 25 Jahren gegründet. Die Gruppierung steht für die Förderung des Biolandbaus, der nachwachsenden Rohstoffe und regenerativer Energie – als wesentliche Chancen regionaler Entwicklung.

MICHAELA LEDER UND DIETER SAUTER

WENN LAND, DANN WENDLAND

Er kam, um etwas mit seinen Händen zu tun. Und hatte bald Lust, auch politisch Hand anzulegen, „sich direkt einzumischen", sagt Dieter Sauter. „Es gibt hier so viele andere Lebensentwürfe", staunt Michaela Leder, „viel Offenheit, Toleranz, sogar Dichterlesungen und gutes Kino."

Einst kamen sie, wie viele Berliner, zur Blitzentspannung ins Wendland: Ein Wochenende Erde schnuppern, der Stille lauschen, beim Bauern Milch und Eier holen. Dann wieder ab in die Großstadt. Rechtsanwalt Dieter Sauter aber wollte, nach 15 Jahren Juristerei, mehr als ein bisschen Land-Exotik. „Ich bin nicht so ein Theoretiker, tue lieber was mit den Händen", sagt er beim Tee. „Und ich mag Gummistiefel." Auch Michaela Leder, Rechtsanwalts- und Notarfachangestellte, nahm allmählich Abschied vom Korsett der urbanen 40-Stunden-Woche. Sie suchten ein Domizil, kauften 1991 just jenen Hof, wo sie zuvor Milch geholt hatten. Örtliche Handwerker renovierten ihn. Sie verdienten derweil in Berlin das Geld für die Rechnungen, kamen an den Wochenenden, immer mit ein paar Kartons. Und nahmen so peu à peu Abschied von der Stadt. 1994, nach der letzten Fuhre, halfen Dorfnachbarn mit Schraubenzieher und Pizza.

Prießeck ist anders. Michaela macht zunächst noch Urlaubsvertretungen in der alten Kanzlei. Beide helfen bei der Kartoffel- und der Spargelernte. Natürlich auch beim Bau der neuen Pflanzenkläranlage des Dorfes. Dieter lernt in einem Gartenbaubetrieb Büsche zu pflanzen und Wege zu pflastern. Nun werkelt er zwei Tage die Woche bei einem Tischler. In den ersten Jahren gehen sie viel auf Reisen, bis nach Afrika.

Dazu kommt die Politik. Das Paar engagiert sich bei der Unabhängigen Wählergemeinschaft. Dieter findet „es gut, ein bisschen was zu beeinflussen". Er kommuniziert gern – live, per Telefon und Email, hängt sich rein: Gegen Atomkraft und ihren Müll, gegen Autobahnplanungen, die das Wendland zu zerstückeln drohen. Auch gegen den Discounter Lidl, der mitten im Flecken Clenze großflächig abreißen will, um Raum für schlichte Shopping-Architektur zu schaffen. Inzwischen sitzt Dieter Sauter im Rat der Gemeinde, der Samtgemeinde und im Kreistag. „Meistens bringt es Spaß", sagt der Abgeordnete. „Selbst unter den Gegnern von der CDU gibt es sehr nette Leute."

Landleben, ahnt Dieter, könne „sehr spießig und festgefahren sein". Im Wendland aber kann man beim Reifenhändler den Buddhismus erörtern und im Sägewerk das Frühwerk Heinrich Bölls. „Wenn Land, dann Wendland", glaubt Michaela. Sie arbeitet wieder in ihrem Beruf – in einer Kanzlei in Dannenberg. Und bildet sich in Berlin zur Notarfachwirtin fort. Eine Stadt-Land-Mischung, die ihr sehr behagt.

Heinrich Dörband *1942 in Bad Doberan und Wiebke Dörband *1937 in Swinemünde

Heinrich Dörband unterstützt die Arbeit des Rundlingsvereins. **www.hak-ld.de/rundlingsverein.html**
Der Verein engagiert sich für die Erhaltung der Rundlingsdörfer im Wendland als typische Siedlungsform und die Förderung der Rundlingsforschung.
Auf einem jährlichen „Rundlingstag" werden vorbildliche Sanierungen ausgezeichnet.
Im Rundlingsmuseum Lübeln lässt sich mehr über die Geschichte der uralten Dörfer des Wendlands erfahren.
www.rundlingsmuseum.de

WIEBKE UND HEINRICH DÖRBAND

WO LIEGT DER TAUPUNKT?

Die Straßen zwischen Großstadt und Idylle sind Wiebke und Heinrich Dörband sehr oft gefahren. Sie lebten in Hamburg, ihr Herz aber schlug im Wendland – schon immer! Jetzt, nach getaner Stadtarbeit, beginnt ein neuer Abschnitt: Das entspannte Dorfleben hinter liebevoll restaurierten Fachwerkwänden.

Erst war es ein gemietetes Ferienhaus, dann eine Wochenend-Kommune mit mehreren Familien und vielen Kindern. Am Ende wurde ein eigener Hof in Göttien daraus, mit Obstbäumen und einem gut gepflegten Gemüsegarten, heute der Lebensmittelpunkt für Wiebke und Heinrich Dörband. Die Kinder sind erwachsen. In der Freizeit kommen sie mit den Enkeln oft aus der Stadt zu Besuch. Dann ist Trubel im Hause. Wenn es wieder still ist, spielt er Geige in der großen Diele – seinem eigenen Konzertsaal. Nur für sich. Jeder Lebensabschnitt bringt seine eigenen Bedürfnisse.

Heinrich hat sich seinen alten Traum erfüllt: Ein altes Bauernhaus originalgetreu und doch zeitgerecht zu restaurieren. Sein Vater war ein stolzer Handwerker. Die Restauration solcher Häuser braucht Zeit. Sie ist eine Wissenschaft für sich. Heinrich lernte viel – über traditionelle Bauweisen und Materialien, gute Isolierungen und den Taupunkt in der Wand.

Sein Wissen hat er mit den zahlreichen Bauhandwerkern ausgetauscht, die Haus und Scheune nach seinen Vorgaben um- und ausbauten. Vieles wurde mit Lehm gemacht – wie früher. Heinrichs ganzer Stolz sind die Grundöfen mit großer Scheibe – natürlich in Lehm gesetzt – die in Wohnzimmer und Diele für wohlige Wärme sorgen. Gute Facharbeit von Handwerkern zahlt sich am Ende immer aus. Und es gibt reichlich gut ausgebildete Handwerker im Wendland. Das Preis-Leistungs-Verhältnis hier ist in Ordnung.

Kein Wunder, dass viele Künstler und Kunsthandwerker in steuerlichen Fragen den Rat Heinrichs suchen. Er weiß um all die Denkmalschutz-Bestimmungen, Fördermöglichkeiten und Abschreibungsparagraphen, die man als Besitzer einer denkmalgeschützten Hofanlage kennen muss, schließlich war Steuerberater sein Stadtberuf. „Schwarzarbeit ist oft Murks und lohnt sich nicht", sagt der Bauherr, „es gibt genügend legale Mittel zur Steuerersparnis."

Der Hof ist ein Schmuckstück, vom Amt für Denkmalschutz und dem „Rundlingsverein" belobigt und preisgekrönt. Die alten Fachwerk-Gebäude werden heute auch für Familienfeiern, Konzerte, literarische Zirkel und als Ferien- und Tagungshaus für kleine Gruppen genutzt. So haben viele Besucher etwas vom restaurierten Schatz im Rundling von Göttien.

Barbara Krüger *1960 in Darmstadt und Andreas Krüger *1965 in Göttingen mit ihren Söhnen Lino und Karlson

„Wendländer Bio-Genuss" ist eine gemeinsame Vermarktungsinitiative einheimischer Erzeuger, die kontrolliert biologisch arbeiten. Die Produkte sind Kartoffeln, Backwaren, Müsli und Getreide, Fleisch und Wurstwaren, Säfte und Milchprodukte in Prämium-Qualität. **www.wendlaender.de** – Andreas Krüger hat als Leiter des durch Region Aktiv geförderten Projektes die Firmen zu dieser Kooperation geführt. – Eines der vielen Projekte von Region Aktiv zur nachhaltigen Entwicklung der Region. **www.wendland-elbetal.de**

BARBARA UND ANDREAS KRÜGER

HAHN GESUCHT, HAUS GEFUNDEN

Der Plan entstand beim Besuch der „Kulturellen Landpartie": Ein Jahr auf Probe im Wendland leben, zur Miete in einem Haus in Beseland. Das Experiment verlief positiv. Das Land lockte die Großstadt-Familie Krüger mit einer neuen Verbindung von Arbeit und Leben – einer modernen Mischung aus Dorf und DSL.

Sie begann als Malergesellin, restaurierte Kirchen, studierte Kunstgeschichte, Theater, Darstellende Kunst und machte ihren Magister. Auch er durchlief viele Stationen: Tischlerlehre, Boots- und Messebau, Studentenleben in Berkeley (USA), BWL in Göttingen, Diplomkommunikationswirt an der HDK Berlin. Schon als Student gründete der Unternehmensberater mit Freunden „Krüger Consulting". Barbara und Andreas Krüger waren Großstadtpflanzen – mit zwei Kindern in einer Berliner Etagenwohnung.

Doch eines Tages hüten sie in Lanze ein. Der Nachwuchs fühlt sich wohl, die Nachbarn zeigen sich offen und tolerant. Der erste Kranich kommt geflogen. Die alten Eichen, die Weite der Landschaft locken. Beim Irischen Folkfestival in Reddebeitz ist Andreas „ganz gerührt, dass es so etwas Unverfälschtes noch gibt". Mit der Gemüsekiste vom Eichenhof Zargleben kommt von nun an allwöchentlich die Frage nach Berlin: Ist Landleben machbar? „Wie soll das gehen", mäkeln die Freunde, „am Ende der Welt – einsam, isoliert, ohne Kultur, ohne Arbeit?"

Sie wagen es. Ihre Idee: Ein Jahr auf Probe ins Wendland. Karlson geht in die Clenzer Grundschule, Lino findet einen Platz im Waldorfkindergarten in Grabow. Die Jungs erobern Garten und Dorf. Barbara eröffnet eine Filzwerkstatt, gibt Kurse für Aromatherapeuten, redigiert Buchmanuskripte. Andreas arbeitet viel per Telefon und Laptop, am liebsten im Garten. In Berlin ist er in gut zwei Stunden, in Hamburg in eineinhalb. Natürlich spannt die Region ihn ein: Eine Treckerdemo vor dem Brandenburger Tor will organisiert werden, auch ein Messeauftritt auf der Grünen Woche 2004. Er entwickelt die Bio-Marke „Wendländer".

Andreas und Barbara sind bald mittendrin, beim Sportverein, in der Elternarbeit. „Wer hier auf dem Lande lebt, muss wissen, was er will", sagen sie. „Es gibt weniger Ablenkung von außen, dafür Konzentration nach innen – die Freiheit der Selbstbestimmung." Nach der Probezeit sucht Barbara einen Hahn – und findet ein Haus in Volkfien. Die Kinder gehen nun zur Freien Schule Hitzacker, Andreas managt das Gros seines Berliner Jobs per DSL. „Wir wollen ein gastliches Haus mit offener Tür schaffen", sagt Barbara, „auch für Stadtpflanzen." Und erzählt vom Besuch des stadtfeinen Marketing-Direktors, der plötzlich in Gummistiefeln im Garten stand, die Bohnen legte und ganz stolz und erfüllt von seinem Tagwerk war.

Britta Flegel *1973 in Münster und Manfred Flegel *1958 in Stederdorf mit Jonathan und Ayele

Manfred Flegel ist Mitglied im Demeterverband. Hier werden Lebensmittel nach der Lehre Rudolf Steiners in biologisch-dynamischer Kreislaufwirtschaft erzeugt. Das Demeter-Siegel stellt auch die höchsten Ansprüche an ökologischen Anbau und nachhaltige Landnutzung.
Weitere Öko-Anbauverbände sind u.a. BIOLAND, BIOPARK, BIOKREIS oder NATURLAND. Auch hier gelten: Verbot der Bestrahlung, keine Gentechnik, kein chemisch-synthetischer Pflanzenschutz, kein mineralischer Dünger. Das EU-Siegel garantiert nur den Mindeststandard.

BRITTA UND MANFRED FLEGEL

„ES IST NICHT SCHWER, ZU TUN WAS MAN WILL – ABER ES HERAUSZUFINDEN"

Kröte Nr. 1 ist ein stattlicher Demeter-Betrieb mit 70 Hektar Ackerland rund um den Hof, 996 Hühnern in Freilandhaltung, einer Kuh mit Kalb und einigen Wildschweinen. Neue Maschinen stehen im Schuppen aufgereiht. Man sieht: Die Landwirtschaft läuft. Doch für das Ehepaar Flegel war es ein weiter Weg ins Wendland.

Er wollte immer Bauer werden. „Aber das geht nicht", sprachen die Verwandten, „wenn man keinen Hof erbt." So lernte Manfred Großhandelskaufmann. „Ich wusste nicht, was ich sonst werden könnte." Als die Bundeswehr droht, verpflichtet er sich für den Polizeidienst, landet schließlich beim Spezialeinsatzkommando, für ihn ein „tolles Abenteuer". Doch kurz vor der Verbeamtung kündigt er. „Das Polizistenleben war bis zur Pensionierung vorgegeben – ein Räderwerk, ein Hamsterkäfig. Ich war dort nie richtig glücklich."

Manfred macht Abitur, träumt von der weiten Welt, vagabundiert als Busunternehmer durch Südfrankreich, Portugal, Marokko. Bis ihm eine Frau am Wüsten-Lagerfeuer von ihrer Landwirtschaftsschule erzählt. Manfred ist elektrisiert, beginnt dort, kaum zurück, ein Studium. Dann wird ihm eine alte Hofstelle im Wendland angeboten: Kröte Nr.1. Banken lehnen lächelnd ab: „Das Höfesterben geht um und Sie wollen mit 2,7 Hektar neu einsteigen?" Freunde und eine anthroposophische Bank geben schließlich Geld.

In maroden Gebäuden voller Agrar-Edelschrott beginnt die Landwirtschaft. Immerhin: Hühner sind schon da. Wenn Bio, dann richtig, sagen sich die Flegels: Das Hühnerfutter wird selbst angebaut, der Hühnermist kompostiert. Anfangs stand der Betrieb auf der Kippe. Bis ein Reiterhof Mist lieferte, Nachbarn Ackermaschinen liehen. Eier sorgen für Liquidität, Biokartoffeln für die Raten und Investitionen. Sie behalten die Zahlen im Blick. Aber jetzt geht es aufwärts. Nach zehn Jahren Zwischenfruchtanbau und organischer Düngung haben die Böden mehr Humus, steigen die Erträge. Die Nachbarn nehmen sie ernst.

Wie sich die beiden kennenlernten? Jede Woche liefert er Eier an Hamburger Bioläden, und trifft dort Britta, die sich ihr Studium – Gebärdensprache und Ethnologie – als Verkäuferin finanziert. „Da kam ein grantiger Bauer aus dem Wendland", erinnert sie sich, „für mich eine Fahrgelegenheit zum Öko-Dorf, wo mein Bruder lebt." Auf der Fahrt zündet ein Funke zwischen ihnen. „Ich wollte immer authentisch bleiben", sagt Britta. „Kröte entspricht mir." Heute zieht sie hier zwei Kinder groß, füttert, melkt, ackert und schreibt Rechnungen. Der Wechsel war nicht immer leicht. Vor einem Jahr hat sie einen Gitarristen getroffen. Und singt jetzt wieder, wie damals in der Band in Hamburg – Jazz und Country. „Ich entdecke die Musik neu", erzählt sie, „und es macht einfach Spaß."

Annette Quis *1952 in Wolfenbüttel, steht regelmäßig auf dem Wochenmarkt: am Donnerstag in Dannenberg, am Mittwoch und Sonnabend in Lüchow. (Bio im Wendland, Schützenholzstr. 15, Clenze)

BIOLÄDEN IN DER REGION Querbeet, Lange Straße 5, Clenze · Tietkes Ökoladen, Hauptstraße 15, Gartow, www.tietkes-oekoladen.de · Koornkamer, Burgstraße 1, Lüchow · Die Sonne, Lange Str. 31, Lüchow Oikos, Marschtorstraße 55, Dannenberg · Lindgrün, Lange Str. 32, Dannenberg · Feinkost am Markt, Am Markt, Hitzacker
Außerdem lassen sich Bio-Produkte auf zahlreichen Bauernhöfen erwerben.

ANNETTE QUIS

„DEN MARKT ZU STUDIEREN UND EINEN MARKTSTAND ZU MACHEN SIND ZWEI WELTEN“

Als junge Frau fesselte sie die Entwicklungspolitik und das Verhältnis von wirtschaftlicher und politischer Macht. Dann riefen die Türme der Finanzwelt. Eines Tages aber sagte sich Annette Quis: „Stadt und Bank machen krank!", stieg aus und wurde Wendländerin.

Sie ist studierte Volkswirtin. Aufbaustudium in Brügge, Praktikum bei der EU in Brüssel – eine große Karriere schien vorgezeichnet. Auch ihr geschliffenes Englisch und Französisch qualifizierten sie für einen Top-Job bei der DG Bank in Frankfurt und den Umgang mit dem großen Geld.

Doch in drei Jahren allmorgendlicher Verkleidung für die Finanzwelt wachsen die Zweifel. Annette Quis sehnt sich nach einem erfüllteren, gesünderen Leben. Als sie ihre Cousine in einer Kommune in Gledeberg besucht, beginnt sie zu träumen. Annette versorgt die Schafe, macht bei der Besetzung des Bohrplatzes 1004 nahe Gorleben mit, gibt Schülern Nachhilfe und arbeitet für den Bundesverband der Ergotherapeuten im nahen Bergen an der Dumme. Eine ganz andere Welt.

Nach einem Jahr Wendland auf Probe kauft sie ein Haus in Mammoißel und züchtet selbst Schafe. Wie ihr neuer Nachbar Uli Quis, ein studierter Bio-Landwirt. Die Tiere finden zueinander, die Menschen folgen. Eine Familie entsteht, drei Kinder kommen. Die Volkswirtin macht Heu, melkt die Schafe, produziert Käse und übernimmt – natürlich – den Marktstand. Seither steht sie für Marktwirtschaft mit Anspruch: „Nur von den Produkten, die ich selbst angebaut, veredelt oder weiterverarbeitet habe, bin ich sicher, dass sie meinen Ansprüchen genügen."

Die „Wendland Kooperative" hat den Handel der Annette Quis erst möglich gemacht. Der Anstoß zum Zusammenschluss der Bio-Kleinerzeuger kam nach dem Gorleben-Treck 1979 aus Hannover. Dort eröffnete ein erster Bioladen mit wendländischen Produkten zur Unterstützung des Widerstands. Parallel startete die Direktvermarktung gen Berlin, mit der legendären „Gemüsekiste" – ein guter Dünger für die Öko-Landwirtschaft: Heute ist das Wendland mit 20 Prozent Bio-Anbaufläche Vorreiter der Republik.

Annette Quis und ihre Geschäftspartnerin Henriette Kulow beschicken mit ihrer Firma „Bio im Wendland" die Wochenmärkte in Lüchow und Dannenberg, vertreiben Biofleisch und das Gorlebener „Salinas"-Salz. Der Betrieb ist auch Gesellschafter der Markenfirma „Wendländer" – ein Logo, unter dem Bio-Firmen wie „Voelkel" und „Wendenknolle" ein ganzes Bio-Sortiment für Supermärkte anbieten wollen. „Mit der Marke ist der große Durchbruch noch nicht gelungen", sagt Annette Quis, „aber wir arbeiten daran!"

Lina Hoveida *1958 in Baesweiler bei Aachen

Leckere italienische Spezialitäten findet man in der Laden-Gaststätte „La Bottega di Lina" in Dannenberg am Marktplatz.

An vielen Orten im Wendland lockt eine gute Küche: Das „Sprechzimmer" in Dannenberg bietet Speisen und Getränke aus überwiegend ökologischem Anbau. In den „Trebeler Bauernstuben" (in Trebel) kocht man verstärkt mit regionalen Produkten und hat sich dem slow-food-Gedanken verschrieben.

LINA BAIOCCO-HOVEIDA

„MACH ES!"

Ein Haus auf dem Dannenberger Marktplatz ist in warmem Gelb gestrichen, um den Eingang ranken Blumen. Hier residiert „La Bottega di Lina" – die Laden-Gaststätte von Lina Baiocco-Hoveida. Sie kocht mit mediterranem Herz. Bei Sonnenschein wird der ganze Vorplatz zum Mekka der Cappucino-Schlürfer.

Die Antipasti macht sie alle selbst, die Käse und Würste kommen direkt aus Italien. „Aus jeder Region habe ich einen Qualitätswein", sagt Lina. Ihr Laden läuft, viele Stammgäste lieben ihren Mittagstisch oder den Wein am Abend. Kunden werfen lange Blicke in die große gläserne Kühlvitrine, an der auch der Satte wieder Appetit bekommt, nehmen sich gern etwas Gutes für Zuhause mit. „Hier gibt es echte Spezialitäten für Genießer", sagt die stolze Chefin.

Man sieht es: Linas Ahnen müssen aus Italien stammen. In ihrem Akzent aber ist ein Hauch von Rheinland zu hören. Ihr Vater kam 1957 nach Deutschland, als „Gastarbeiter", wie das damals hieß. Er malochte in einer Zeche bei Aachen, versorgte später seine Landsleute als fliegender Händler mit hart entbehrten Delikatessen, eröffnete schließlich einen italienischen Großhandel. Lina wird im ersten Jahr in Deutschland geboren. Vormittags geht sie zur deutschen, nachmittags zur italienischen Schule, lernt Einzelhandelskauffrau und arbeitet im Betrieb von Papa. Bis Dr. Hoveida in ihr Leben tritt, ein Doktor aus dem Iran, mitten in der Facharztausbildung. Das Krankenhaus in Dannenberg bietet ihm eine Stelle. 1992 zieht das Ehepaar mit zwei kleinen Kindern hierher. Das Versprechen: Wir bleiben nur ein Jahr. Es wird länger, zum Leidwesen von Lina. Sie fühlt sich unwohl, findet in den Läden der Kleinstadt nichts für ihre Küche. Sie dient als Taxifahrerin ihrer Kinder, hat Heimweh, fährt oft weg, ihr droht die Decke auf den Kopf zu fallen. Den Kindern geht es prima. Doch wer gibt einer 40 jährigen, die lange nicht im Beruf war, Arbeit? Langsam formt sich die Idee, selbst etwas aufzumachen.

„Mach es!", sagt ihr Ehemann. Lina geht zur „feffa", einer Fortbildungseinrichtung für Frauen in Dannenberg, besucht ein Existenzgründerinnenseminar. „Wir waren eine tolle Gruppe", erinnert sie sich, „haben uns gegenseitig unterstützt und geholfen." Lina Baiocco-Hoveida vertieft sich in EDV, übt Behördengänge und Präsentation. „Wenn Frauen unter sich sind", sagt sie, „bekommen sie ein Gefühl dafür, was gehen kann und was nicht. In Männergruppen ist das anders, da werden Frauen meist nicht ganz für voll genommen." 2000 eröffnet La Bottega di Lina. „Es ist kein Laden zum reich werden. Aber es mein Lebensmittelpunkt geworden" – ihre Küche und ihr Wohnzimmer, geöffnet von 9 bis 20 Uhr. Die Kinder essen hier, sie sitzt oft bei Gästen am Tisch. „Dieser Laden", sagt sie, „bin ich und ich bin dieser Laden."

Heinz Laing *1952 in Friesoythe

Das „Herrenhaus Salderatzen" ist eine von vielen schönen Herbergen im touristisch attraktiven Wendland. Es wird mit Öko-Strom betrieben. Als Mitgründer von Greenpeace Energy bezieht Heinz Laing seinen Strom natürlich von dort. Eine solarthermische Anlage auf dem Scheunendach bereitet warmes Wasser zum Duschen für die Gäste. Und die 25 KW-Fotovoltaikanlage erzeugt mehr Strom, als im Hause benötigt wird. Den Stromanbieter zu wechseln und CO^2 neutral erzeugten Strom zu beziehen ist denkbar einfach: **www.atomausstieg-jetzt.de**

HEINZ LAING

„MAN KOMMT EINMAL UND DANN IMMER – ODER EINMAL UND NIEMALS WIEDER"

Der Hof, in grauer Vorzeit eine Landkneipe mit Tanzsaal, war unrestauriert. Hinterlassenschaften aus Jahrzehnten mussten entsorgt werden. Heinz Laing weckte das Anwesen aus dem Dornröschenschlaf, schuf eine etwas andere Pension. Nicht nur zur „Kulturellen Landpartie" tobt in Salderatzen heute neues Leben.

„Das Wendland traf meinen Nerv", sagt Heinz Laing. Einst kam er als Student der Politik und Soziologie von Aachen ins Wendland, zur Organisation eines Sommercamps in Gorleben. Seither kehrt er immer wieder zum Tatort zurück. Er schrieb seine Magisterarbeit über „Bauern und Widerstand", leistete seinen Zivildienst im Jagdschloss Göhrde. Eröffnete endlich, nach Jahren in Bonn, Berlin und Hamburg, eine schräge Pension in alten Gemäuern, das „Herrenhaus Salderatzen". „Hier ist 100 Jahre nichts passiert", meint Heinz. Das hat sich gründlich geändert.

Viel kreist in seinem Leben um Energie und Atom. Schon damals, 1987, als seine „alte Bekannte" Lilo Wollny, Gorleben-Kämpferin aus Vietze, plötzlich nach Bonn in den Bundestag soll. „Allein gehe ich da nicht hin", sprach sie zu Heinz, „du musst mit." Und er geht mit, wird für vier Jahre wissenschaftlicher Mitarbeiter, danach Bereichsleiter Atom, Energie, Abrüstung bei Greenpeace in Hamburg, schließlich Lobbyist der Organisation in Berlin. Der Job? „Klinken putzen, Schnittchen essen, viel reden." Nebenher baut er „Greenpeace Energy" auf. Dann verschlägt es ihn in den Tierpark Warder – Krisenmanagement für bedrohte Tierarten im Zentrum Schleswig-Holsteins.

Schon als Jugendlicher plante er an Häusern herum. In Salderatzen tobt er nun den Jugendtraum aus, sein „räumliches Gefühl". Der Hof ist schön geworden, zwei Ferienwohnungen und zehn sehr individuelle Pensionszimmer laden ein – das „Engelszimmer" etwa, das „Teufelszimmer", das „Diana-Zimmer" und das „Sozialistische Zimmer". Die Schafe fressen Biofutter. Auf dem Scheunendach schnurrt die solarthermische Anlage. Darunter finden Kultur-Veranstaltungen statt, manchmal auch eine Hochzeit oder ein runder Geburtstag. Man kann auch im Heu schlafen. Im Stall hat die Textildesignerin Elke Kuhagen ihre Werkstatt. Zur „Landpartie" schieben Tausende über das alte Kopfsteinpflaster, befühlen Stoffe und bewundern Skulpturen.

Hauptberuflich führt Heinz jetzt die Heimvolksschule Göhrde, am anderen Ende des Landkreises. Und natürlich seine Pension. An der Kundschaft studiert er die Wirkung des Wendlandes, dieser „völlig anderen Welt mit einer ganz anderen Zeittaktung, einem anderen Puls". Die Gäste kommen aus größter Hektik in diese „Luftlhol-Ecke". „Hier regenerieren sie im Nu", sagt er. Das Programm: Ruhe, Radfahren, Runterkommen. Auch ihm schadet das selten: „Eigentlich bin ich ein richtiges Landei."

Dieter Schaarschmidt *1956 in Hamburg

DIE WENDLAND WIND BETREIBERGESELLSCHAFT hat 220 überwiegend regionale Kommanditisten, die 3,1 Mio Euro für 4 Windkraftanlagen vor der Haustür investiert haben. Eine große Photovoltaikanlage arbeitet auf dem Dach der Bio-Mosterei Voelkel in Pevestorf. Der jährliche Umsatz beläuft sich auf ca. 400 000 Euro. Viele weitere Projekte harren in den Schubladen auf Verwirklichung. Der Traum: Ein Besucherzentrum für Klimaschutz und Erneuerbare Energien – als Kristallisationspunkt der Energie-Modellregion. **www.wendland-wind.de**

DIETER SCHAARSCHMIDT

ENERGISCH – FÜR NEUE ENERGIEN

Schon als Schüler in der Großstadt war Dieter Schaarschmidt ein Naturfreak, engagierte sich im „Deutschen Jugendbund für Naturbeobachtung" und wanderte alljährlich an die Elbe, um freiwillig die Wasservögel zu zählen. Ein Leben als Ökostrom-Aktivist im Wendland erscheint da wie eine natürliche Fortsetzung...

Mit 19 Jahren reiste er nach Wyhl am Kaiserstuhl, wo Platzbesetzer ein Atomkraftwerk verhindern wollen. Er protestierte auf allen Atombauplätzen der Republik, zog dann ein Jahr durch Afrika, auf der Suche nach dem Ort, wo man anders leben kann. Schließlich, im Wendland angelangt, sagte er sich: „Gorleben ist Dreh- und Angelpunkt der Atomwirtschaft. Hier müssen wir sie stoppen!" Eine Lebensaufgabe.

Dieter Schaarschmidt will aufklären und Alternativen finden. Er lernt Landwirt auf einem Biohof, wo eines der ersten Windräder montiert wird, zieht nach Rondel bei Gartow und baut die „Schule für Lebensnotwendige Alternativen" mit auf – Informationspunkt zu den geplanten Atomanlagen in Gorleben und Experimentierfeld für unabhängige Energieversorgung und alternatives Leben. Er organisiert Seminare und Reisen ins Windkraftland Dänemark. Auf jeder Gorlebendemo trifft man „Bauchladen-Dieter" mit einem Kistchen voller Broschüren und Accessoires des Widerstandes.

Als Landwirt sieht Dieter Schaarschmidt wenig Chancen, eine Hoferbin zählt nicht zu seinen Bräuten. Er will mit etwas Handfestem Geld verdienen und lernt Zimmermann. Sein wahres Interesse aber gilt dem Aufbau einer alternativen Lebensgemeinschaft, wie damals in der „Freien Republik Wendland", dem Hüttendorf auf dem 1980 besetzten Bohrplatz 1004 bei Gorleben. „Turm und Dorf könnt ihr zerstören", sagte Dieter nach der polizeilichen Räumung, „nicht aber die Kraft, die es schuf!" 1991 kauft er mit anderen einen großen Hof in Güstritz. Etwa ein Dutzend Menschen leben hier heute, Erwachsene und Kinder. Alle zahlen ihren Beitrag zur Refinanzierung der Kosten. Jeder hat seinen Rückzugsbereich mit Teeküche. Aus der gemeinsamen Essenskasse wird reihum gekocht.

Dieters größte Idee: Die Region zu 100 Prozent mit regenerativer Energie zu versorgen. Seine Versorgungsstrategie erhielt den 1. Preis – für die beste Europäische Region auf dem Weg zur Energiewende. Längst ist das Thema gesellschaftsfähig: Viele Biogas- und Photovoltaikanlagen, Windräder und Blockheizkraftwerke sind im Wendland entstanden. Schon jetzt werden 30 Prozent des lokalen Strombedarfs hier erzeugt. Der Alternativenergetiker kämpft an vielen Fronten, von der Basis der Energieverbraucher über die Qualifizierung der Anlagenbauer bis zur EU-Ebene. Für sein „besonderes persönliches Engagement" erhielt der rastlose Botschafter der „Freien Republik Wendland" den Deutschen Solarpreis 2007.

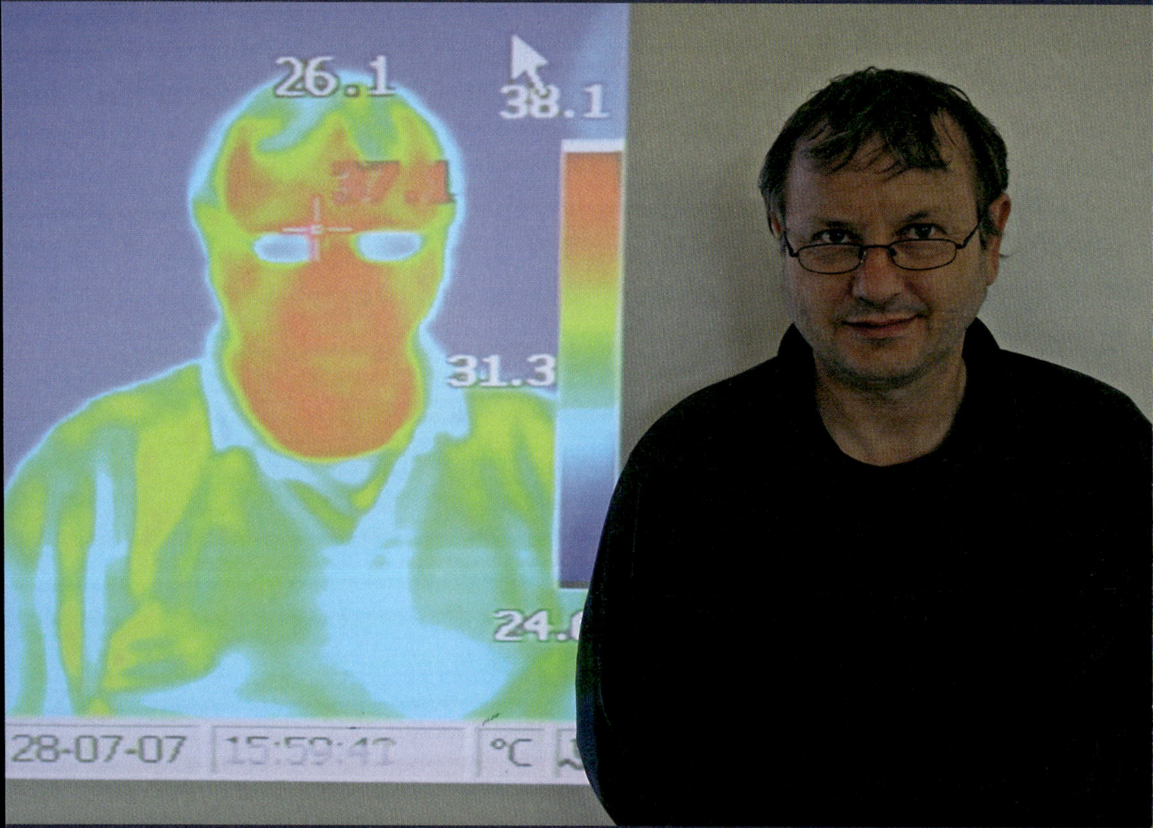

Ralf Pohlmann *1957 in Höxter

Gute Isolierung, die Beseitigung von Baufehlern, die Nutzung der Sonne in Verbindung mit innovativen technischen Systemen machen Gebäude zukunftssicher. Mit der Wärmebildkamera lassen sich Energieverluste leicht aufspüren. **www.pohlmann-architekten.de**

RALF POHLMANN

DER CHARME DES WESENTLICHEN

Eine alte Kartoffelscheune dient als Haus und Büro. Der Bau ist seine Diplomarbeit: Mit Energie sparender Isolierung und Dreifachverglasung, der Sonne zugewandten Glasanbauten, Solarheizung, Wasseraufbereitung und Regenwassernutzung. Ein Musterhaus für ökologische Architektur.

Die Eltern brachten ihn in die Region, sie setzten sich hier zur Ruhe. Er ging aufs Gymnasium in Uelzen, lernte dann Zimmermann. Die ersten Polizeikolonnen, die Richtung Gorleben rollten, sah Lehrling Ralf vom Dachstuhl aus. Alle demonstrierten, er musste arbeiten. Doch das Thema Atomenergie bewegt auch ihn. Er studiert Architektur in Hannover, baut, als Studienarbeit, in Laase eine Fachwerkscheune ab und in Luckau, gut gedämmt, als Wohnhaus wieder auf. Er sucht nach Alternativen, gründet mit einem Freund die „Ingenieurgesellschaft für konstruktive Experimente". Ihr Plan: „Jedes Jahr ein Haus".

Holz, immer wieder Holz: Auf der Suche nach einem neuen System wird Ralf Pohlmann zum Pionier des Öko-Hauses, in einer Zeit, wo „simple Fertigung wichtiger war als Qualität". 1984 konstruiert er einen Niedrigenergie-Klassiker – fünffach gepolstert und winddicht, mit Grasdach nach Norden, viel Glas gen Süden und Solaranlage. Lange tüftelt der Architekt mit einem Bauphysiker, einem Haustechniker und einem Statiker. Das „System 81/5" entsteht – ein Raster für den Holzrahmenbau. Das System gewinnt den Öko-Haus-Wettbewerb einer Bausparkasse, geht auf Wanderausstellung. „Es schlug ein wie eine Bombe", sagt er. 1994 zeigte die Bau-Messe in Essen ein komplettes Haus. Bald vergab die „Gruppe 81/5" bundesweit Lizenzen für das System. Zehn Jahre später trennte sich Ralf Pohlmann von der Firma. Heute arbeitet er, von seinem Büro in Kiefen aus, am liebsten in der Region, macht Altes und Neues, auch für Gemeinden, Handwerk, Industrie. Sein Stil? „Reduzieren, auf den Punkt kommen", meint er, „das Wesentliche herausarbeiten."

Jede Menge alte Häuser gibt es im Wendland. Ihr Charme soll erhalten, ihr Bestand muss restauriert und neu nutzbar gemacht werden. Der Planer hat die Wiederauferstehung vieler Ruinen erlebt und so manches Baudenkmal in ein Ökohaus verwandelt. Er ist auch ehrenamtlicher Denkmalpfleger des Landkreises. Viele, die neu in die Region kommen, lernen ihn kennen. „Wer in den Landkreis ziehen will, sollte nicht nur auf die Häuser und Bäume gucken", rät er, „sondern auch auf die menschliche Umgebung." Wenn möglich sollte man vor dem großen Schritt auf Probe wohnen. „Das Dorfleben hier kann sehr gesellig sein", weiß Ralf Pohlmann, „aber es birgt auch ungekannte Sozialerfahrungen." Die einen sind davon begeistert, die anderen nicht. Als feste Regel gilt: „Wer zum Richtfest alle Dorfbewohner einlädt, der wird dazugehören!"

Angelika Janschek *1937 in Hamburg

Im Wendland haben sich in den letzten 30 Jahren viele künstlerisch tätige Menschen angesiedelt. Überall finden sich Ateliers und Werkstätten, in denen mit Farbe und Ton, Stoff, Stein, Holz und Metall gearbeitet wird. Kunsthandwerker betreiben kooperative Läden, wie das „Kaufhaus des Wendlands" in Dannenberg. Während der Kulturellen Landpartie zwischen Himmelfahrt und Pfingsten zeigen alle ihre Arbeiten.
Künstler der Region gründeten den Westwendischen Kunstverein (WWK), organisieren Symposien in der Seegeniederung und Ausstellungen im Zehntspeicher in Gartow. **www.westwendischerkunstverein.eu**

ANGELIKA JANSCHEK

ETWAS NEUES KANN NUR KOMMEN, WENN DAS ALTE ABGESCHLOSSEN IST

Der Zeitpunkt war ideal: Die Kinder erwachsen, die Beziehung über dem Zenit, der Arbeitsplatz auf der Kippe. Angelika Janschek beschloss, etwas ganz Neues zu beginnen. Sie zog ins Wendland, stürzte sich ins Kunsthandwerk und eröffnete ein Geschäft. „Heute", sagt sie, „lockt mich nichts mehr in die Stadt."

Zu Beginn der achtziger Jahre tauchte die Lehrerin und gelernte Architektin erstmals auf dem „Werkhof" auf, einem Zentrum des Kunsthandwerks im Rundling Kukate, wo das ganze Jahr über gewebt und getöpfert, getischlert und geschmiedet wird. Sie schnupperte überall, experimentierte mit Ton und Textilien, stellte Westen aus Heidschnuckenwolle her. Sie kam immer öfter, wurde allmählich eingesogen, nahm langsam Abschied von der Stadt. Eines Tages zog sie ganz ins Wendland, nach Kukate, später nach Göttien, ins zweitälteste Haus der Region. Die antiken Balken ihres schön renovierten Zweiständer-Hofes tragen seit über einem halben Jahrtausend – anno 1503.

Als Kind kam sie viel herum, lebte in Berlin, im Odenwald, in Wuppertal, bevor sie wieder nach Hamburg zurückkehrte. Nach dem Architekturstudium arbeitete sie kurz bei einem Bauingenieur, der „ein furchtbares rundes Hochhaus errichten wollte". Sie bekam zwei Töchter, unterrichtete zwölf Jahre lang Mathe und Physik an einer Schule im Stadtteil Harburg. Schon dort hatte sie halb im Wald gewohnt. Im Wendland erlebt sie Natur noch intensiver: „Das offene Land hier ist dem Walde abgerungen", sagt sie. „Man merkt, wie dicht das Wasser unter der Erde ist."

Mit der Zeit wuchs die Idee, ein Geschäft zu eröffnen. „Ich habe immer gerne verkauft", sagt Angelika, „schon als junges Mädchen, selbstgemachten Weihnachtsschmuck." In Hitzacker wird ein Milch-Käse-Laden frei, den die Eltern einer Bekannten lange Jahre betrieben hatten. Zwölf Frauen kommen zum ersten Treffen, bald sind es nur noch zwei. Sie wagen es, renovieren das geräumige Geschäft und eröffnen im Sommer 1990 „eigenArt". Die Kunsthandwerker aus der Region liefern Ware, dazu gibt es Malerei und Edelsteine, auch Ausstellungen. Die Freundin aber findet bald darauf am anderen Elbufer, im sich öffnenden Osten, ein neues Zuhause. Angelika Janschek bleibt. Ihr Laden wird ein Forum der vielen kleinen Werkstätten, die Ware auf Provisionsbasis liefern und hier überlebenswichtigen Umsatz machen.

Wer im Wendland leben will, muss sich Arbeit mitbringen oder hier etwas Neues schaffen. „Hier", weiß sie, „ist alles in kleinen Kreisen organisiert, die sich überlappen." Die Hitzackeraner, anfangs skeptisch ob des Wandels von Käse zu Kunst, nannten sie bald „Frau eigenArt". 2005 hat sie den Laden in andere Hände gegeben. „Es hat sich alles gut gefügt", sagt sie rückblickend, „aber nichts macht sich von allein!"

Irmhild Schwarz *1951 in Rielasingen

1990 wurden die Wunde.r.punkte Wendland von einer kleinen Gruppe kreativer Atomkraftgegner ins Leben gerufen. Ihre Vision: „Zwischen Himmelfahrt und Pfingsten wollen wir das Wendland zu einem Ort der Begegnung und des Austausches machen. Künstler und Kunsthandwerker, politische und ökologische Initiativgruppen, Bewegte und Unentwegte stellen sich und ihr Leben vor – zwischen Utopie und Alltag, zwischen Auflehnung und Anpassung, Kunst und Kommerz, zwischen Aquarell und Becquerel..."
Die Idee hat seither eine rasante Entwicklung genommen. **www.kulturelle-landpartie.de**

IRMHILD SCHWARZ

„EIGENTLICH BIN ICH EINSIEDLERIN, ICH KOMME NUR NICHT DAZU!“

„Nichts lief geplant“, sagt Irmhild Schwarz. „Die Dinge haben sich dynamisch entwickelt, in vieles bin ich hineingewachsen.“ Die Künstlerin lebt in Kröte, einem Dorf, das sich neu erfunden hat. Heute wohnen hier mehr Zugereiste als Einheimische. Entstanden ist ein Kunstraum ganz eigener Art.

Große und kleine Tische gibt es in ihrem Atelier auf dem Scheunenboden, belegt mit Stapeln von Papier und Büchern und unzählige Schubladen, gefüllt mit Sammlungen von Einkaufszetteln, Eisstengeln, Schokoladenpapierchen, verbeulten Löffeln etc. – „Die Welt ist voller wunderbarer und seltsamer Dinge, die Geschichten erzählen“, meint die Grafikerin.

Irmhild Schwarz hat Kunstpädagogik studiert, Ethnologie und Religionswissenschaft, ein Studium generale in Berlin. Ins Wendland kam sie durch eine Einladung ihrer Freundin, der Filmemacherin Roswitha Ziegler, als Sommergast – und blieb. Sie war berührt von der sanften Melancholie dieser Landschaft. Die Abgeschiedenheit und Ruhe schienen ihr wichtig für eine ungestörte künstlerische Entwicklung. Aber schon bald geriet sie in den Strudel der politischen Ereignisse, in die Widerstandsbewegung gegen die Atomanlagen in Gorleben. Hier waren auch Künstler mit ihren Fähigkeiten gefragt, als Plakatentwerfer, Schildermaler und Ideenentwickler für politische Aktionen. Gemeinsam mit Kollegen gestaltete sie Kunstaktionen mit politischem Hintersinn, wie: „Hart an der Grenze“ (1985) und „Da müssen wir durch“ (1987).

Von dem Wunsch, diese Region bekannt zu machen, nicht als „Atomklo“, sondern als einen Ort mit großer Lebensqualität, war es nur noch ein Gedankensprung zur Erfindung der „Kulturellen Landpartie“ – Wunderpunkte im Wendland. Irmhild Schwarzs Zeichnungen trugen die Idee nach draußen. Ihr Wohnort Kröte ist auch ein Wunderpunkt auf der Kulturellen Landpartie: Mit Freunden aus ihrem Dorf hat sie den KVAK e.V. gegründet, den Kröter Kunstverein, um Menschen zeitgenössische Kunst nahe zu bringen, außerhalb des Galeriebetriebes.

Ihre Grafik prägt längst das Bild des Wendlands. Plakate, Postkarten, Aufkleber, Broschüren – vieles ist typisch Schwarz. Dabei geht es ihr nie um den visuellen Job allein, sondern ums Ganze, die Harmonie von Inhalt und Form: „Mir muss auch gefallen, was die Leute machen – sonst kommt nichts Gutes dabei heraus.“ Beim grafischen Arbeiten blickt sie in die Lebensentwürfe anderer und sucht nach dem roten Faden. Obwohl sich Irmhild Schwarz doch eigentlich für „leutscheu“ hält, für eine Einsiedlerin, die zu selten zum Einsiedeln kommt. Aber sie weiß: „Es ist Luxus, so zu arbeiten.“ Die Kunden schätzen solchen Luxus sehr.

Nuri El Ruheibany *1939 in Damaskus, hier mit dem Percussion Ensemble

DIE MUSIKSCHULE bietet vielfältige musikalische Bildungsangebote für alle Altersgruppen: Frauenchor, Jazz Ensemble, Big Bands, Orff Orchester, Percussion Ensemble, Gitarrenorchester, Ensemble für alte Musik, Kinderchor, Sinfonieorchester und vieles andere. **info@dan-musik.de**

Zu den großen MUSIKEREIGNISSEN im Wendland gehören die Musikwoche und die Sommerlichen Musiktage in Hitzacker, die Schubertiaden in Schnackenburg und der Schreyahner Herbst.

NURI EL RUHEIBANY

„DIE HEIMAT EINES KÜNSTLERS IST DORT, WO ER WIRKEN KANN“

„Mit einfachen Mitteln große Kunst erzeugen“ – das ist Nuri El Ruheibanys pädagogisches Ziel. Im Wendland hat der Komponist, Dirigent und Pädagoge ganze Schülergenerationen begeistert, ihnen über Musik Lebensfreude, Selbstvertrauen und das Erlebnis von Gemeinschaft vermittelt.

Am Flügel und auf dem Tisch liegen Notenblätter verstreut, fein und akkurat beschriftet. Nuri El Ruheibany komponiert gerade: „Musikalische Bilder aus dem alten Wendland" – der Region, die nun schon über ein Vierteljahrhundert seine Heimat ist. Wie er hierher gekommen ist? „Zufall", sagt er lächelnd. An der Wand hängen Schwarzweißfotos, Bilder des jüngeren El Ruheibany, mit Frack und Taktstock in Aktion, auch, noch jünger, im Gespräch mit Yehudi Menuhin.

Es war ein weiter Weg. Damals in Damaskus hatte er just angefangen Jura zu studieren. Doch dann gewinnt Nuri einen Musikwettbewerb, erhält einen Staatspreis samt Musikstudium in der DDR. In Leipzig erlernt er ab 1960 Komposition und Klavierspiel, in Dresden das Dirigieren. Ja, er kann sogar sächseln. Am Pult der Hallischen Philharmonie, des Rundfunk-Symphonie-Orchesters Berlin und des Opernhauses hebt er den Taktstock, kehrt dann, 1975, nach Damaskus zurück, leitet das Konservatorium, komponiert Theater- und Filmmusik. Nach fünf Jahren kommt er wieder nach Deutschland, diesmal in den Westen. Eine Stellenausschreibung lockt ihn nach Lüchow: Er wird Leiter der Musikschule. 1987 eröffnet die Mittelmeer-Olympiade mit seinem Werk „Der Seemann und der Sturm".

„Die Heimat eines Künstlers", sagt Nuri El Ruheibany, „ist dort, wo er wirken kann". Und er wirkt, begeistert ganze Schülergenerationen. Ein Jahrgang bringt 18 Teilnehmer für „Jugend musiziert" hervor. Es gibt auch Preise für Ensemblespiel. Sebastian Madsen und seine Tochter Nora gewinnen beim Bundeswettbewerb. Seine Einflüsse? „Die orientalische Verträumtheit", meint er lachend, „viel Mozart, auch Bach, Beethoven, Volksmusik". Und Orff. Mit dem beschäftigt er sich schon seit 30 Jahren, ist Mitglied der Orff-Schulwerk-Gesellschaft in Salzburg. Nuris Percussion Ensemble „Tamburo Temperamento" läßt das Wendland beben. Auch bei den Schnackenburger „Schubertiaden" und der Musikwoche in Hitzacker hinterlässt er tiefe Spuren. 2001 erhält er das Bundesverdienstkreuz am Bande, eine Anerkennung, die er sich von Politik und Verwaltung vor Ort gewünscht hätte.

Vor allem Schüler und ihre Eltern sind zu Freunden geworden. Mit ihnen schlug die Familie El Ruheibany Wurzeln. „Ich fühle mich nie fremd", sagt er. Einmal im Jahr reist Nuri nach Damaskus, gibt Konzerte mit dem Symphonieorchester. „Das kulturelle Leben dort blüht auf." Ja, das Leben. Das kann eine große Klaviatur sein, voller überraschender Klänge.

Christa Tornow *1938 in Köln, TV-Redakteurin a.D.

DAS MARIONETTENTHEATER AM WALDEMARTURM besteht seit 1991 als e.V.. Etwa alle zwei Jahre kommt ein neues Stück heraus. Bisher sind elf Inszenierungen entstanden, die auf Wunsch auch in Extravorstellungen gezeigt werden. Zur Erarbeitung jeder Inszenierung werden professionelle Sprecher, Musiker, Bühnenbildnerin und Puppenmacherin engagiert. Spieler, Techniker und Dramaturgin/Regisseurin arbeiten ehrenamtlich. **www.marionettentheater.de**

CHRISTA TORNOW

WER HIER EINSAM WIRD, IST SELBER SCHULD

Gelegentlich blättere ich im Shell-Atlas, um mich zu vergewissern, was ich da eingetauscht habe; schlage die Seite vom Rheinland auf: Rote Striche füllen die Karte - Straßen, Straßen, Straßen. Weiter, zum Vergleich, das Blatt vom östlichen Niedersachsen - alles grün! Dann bin ich sicher, dass meine Entscheidung richtig war.

Als ich 1980 zum ersten Mal kam, war ich sofort erfasst von der Landschaft, diesem Gemisch aus Intimität und Weite; und von den Bäumen – domhohen Buchen und Eichen, so stark, dass man es kaum glauben kann. Aber es war nicht allein die Natur – das hätte nicht ausgereicht. Was mich immer sicherer machte hier eines Tages leben zu wollen, waren die Menschen! Und zwar die „Szene", die aktiven Atomkraftgegner. Menschen, die auch Bücher besitzen; nicht nur die Bibel und das Telefonbuch.

Die ersten kamen in den Siebzigern: Künstler aus Berlin, Wochenendler aus Hamburg kauften aufgelassene Höfe und Katen und restaurierten sie. Als Gorleben akut wurde, geschah das Erstaunliche: keine Flucht, sondern verstärkter Zuzug. Die Neuen gaben dem verschlafenen Landkreis frisches Profil. Neben der Schützenvereinstradition entstand eine Kulturlandschaft, in der praktisch jeder jeden kennt – Demos sind sehr kontaktfördernd. Mein Staunen lässt nicht nach über die überschwappenden Kultur-Aktivitäten hier – von allround-dilettantisch bis hochkarätig. Die Szene hat das Wendland aus dem Dornröschenschlaf erweckt und putzmunter gemacht.

Früher, als ich noch in der Stadt wohnte, dachte ich oft mit Grausen an die Zeit, in der ich nicht mehr arbeiten würde: Was tut man mit seinem Tag allein in einer Etagenwohnung? Jetzt stolpere ich von einem Projekt ins nächste (z.B. in dieses Buch hier); und immer ist es ein Miteinander.

Natürlich gibt es auch Konflikte innerhalb der Szene – schließlich ist sie eine Gesellschaft von Individualisten und Quertreibern. Und auch Problemzonen im Zusammenleben mit der einheimischen Bevölkerung – andere Wertvorstellungen, andere Traditionen. Wer in ein Dorf zieht, wird niemals „dazugehören". Zuweilen ist mir die Atmosphäre so fremd, als wäre ich auf dem falschen Planeten gelandet. Umso berührter bin ich dann über unerwartete nachbarliche Hilfeleistungen. Man muss lernen, mit der ländlichen Mentalität zurecht zu kommen, sie zu respektieren. Wer gerne den Großstädter heraushängen lässt, sollte lieber bald wieder abreisen.

Nein, ich reise nicht wieder ab. Ich habe keinen Augenblick bedauert, hierher zu ziehen. Ich bin und bleibe Kölnerin; aber das hier ist meine Wahlheimat.

Koornkamer
Naturwaren

Koornkamer Naturwaren

Burgstraße 1
29439 Lüchow
Fon / Fax 0 58 41 / 54 42

Mo–Fr 9.00–13.00 Uhr
15.00–18.00 Uhr
Samstag 9.00–12.30 Uhr

Seit über 20 Jahren bietet in Lüchow die Koornkamer ein großes Sortiment an Bio-Kost und Naturkosmetik. Hier gibt es stets Neues und Raffiniertes zu entdecken. Wichtig ist der Koorkamer aber auch die Zusammenarbeit mit Erzeugern aus der Region. So werden lange Transportwege vermieden und Milchprodukte, Früchte, Brot und Backwaren sind immer frisch erhältlich.

Querbeet

Naturkost und Naturwaren
Ernährungsberatung

Lange Straße 5
29459 Clenze
Fon 0 58 44 / 97 60 10
Mo–Fr 9.00–13.00 Uhr
14.30–18.00 Uhr
Samstag 9.00–12.30 Uhr

Querbeet hat ein reiches Angebot frischer Naturkost. Für Allergiker gibt es ein breites glutenfreies und lactosefreies Sortiment. Querbeets ganzheitliches Konzept beinhaltet auch andere Naturwaren wie z.B. Kosmetik, Kleidung, Schuhe, Bücher, Spiele.

Renate Jacob gestaltet Textiles maßgeschneidert. Unsere eigene Ernährungsberaterin berät Sie gerne.

Kulturverein platenlaase
Café Grenzbereiche

Kulturverein Platenlaase

Platenlaase 15
29479 Jameln
Fon 0 58 64 / 558 . Fax 12 88
kultur@platenlaase.de
www.platenlaase.de

Do, Fr, Sa u. So 19.30 Uhr

Der Kulturtreff in der Region! Mit Café / Kneipe, Programmkino, Bühne für Live-Musik, Tanz, Theater und Kabarett. Probenort für Chor, verschiedene Tanz-Theater- und Jugendprojekte, Treffpunkt politischer Gruppen. – Eine schöne Künstlerwohnung sowie Veranstaltungs- und Probenräume, auch für eigene Workshops, sind zu vermieten.

Alte Jeetzel
Buch-Handlung
und Verlag GmbH

Alte Jeetzel-Buchhandlung
und Verlag GmbH

Lange Str. 47
29439 Lüchow
Fon 0 58 41 / 57 56
Fax 0 58 41 / 61 21
info@jeetzelbuch.de
www.jeetzelbuch.de

Umfangreiches Sortiment an Belletristik, Kinder- und Jugendbüchern sowie Sachbüchern aller Art; Regionalliteratur, Heimatkundliches, Wander- und Radwanderkarten, Kalender und Hörbücher.

Wir besorgen jedes lieferbare Buch innerhalb kürzester Zeit, ca. 450.000 Titel innerhalb 24h.

Zimmerei Drobek-Schulz
GmbH

Kiefen 29
29496 Waddeweitz
Fon 0 58 49 / 5 99
Fax 0 58 49 / 12 74

Meisterbetrieb Holger Schulz und Klaus Drobek:
Seit 30 Jahren gemeinsame Erfahrung im Holzbau – Fachwerkhäuser, Wind- und Wassermühlen, Museumsrestaurationen, Dachdeckung, Wintergärten, Treppen, Hallenbau, Kindergärten.
Schlüsselfertige Planung und Ausführung von individuellen Niedrigenergiehäusern.
Ökologische Bauberatung und Baustoffe.

Kaufhaus des Wendlands

Kaufhaus des Wendlands

Am Markt 8
29461 Dannenberg
Fon 0 58 61 / 98 90 66
www.kaufhausdeswendlands.de

Mo-Fr	10.00 - 18.00 Uhr
Samstag	10.00 - 16.00 Uhr

Wendländer Kunst, Handwerk und Köstlichkeiten:
Im Kaufhaus des Wendlands finden Sie Delikatessen wie z. B. Schafsmilchlikör, Rot- und Weißwein, Bio-Wein, Salinas-Salz, Gewürzmischungen, dazu Kunst und Handwerk aus der Region: Schmiede- und Lederarbeiten, Näh- und Filzwerk, Schmuck- und Holzhandwerk, Steine, Wolle, Vogelhäuser, Töpfer- und Kupferkunst u.v.a. . . .

Sprechzimmer
Kaffee Konsum Kunst

An der Kirche 8
29451 Dannenberg
Fon 0 58 61 / 97 96 81

Di-Fr	9.00 -18.00 Uhr
Samstag	10.00 -16.00 Uhr

Das Sprechzimmer bietet eine wechselnde Tageskarte, Frühstück, köstlichen Kaffee und frischen Kuchen. Neben witzigen, originellen Geschenkideen gibt es sehenswerte Ausstellungen (über)regionaler KünstlerInnen. Wer in netter Atmosphäre gern lecker und möglichst biologisch schlemmen möchte, ist im Sprechzimmer genau richtig.

Bürgerinitiative Umweltschutz Lüchow-Dannenberg e.V.

Drawehnerstr. 3
29439 Lüchow
Fon 0 58 41 / 46 84
Fax 0 58 41 / 31 97

Hier kann man was tun! Gegen Castor, gegen Atomkraft, für den Ausbau erneuerbarer Energien. Schnell Kontakte knüpfen und MitstreiterInnen und FreundInnen gewinnen. Gemeinsam was bewegen – vor allem durch eine Mitgliedschaft!
Spendenkonto: 440 60 721 bei der Sparkasse Uelzen Lüchow-Dannenberg BLZ 258 501 10

WENDLAND ELBETAL
REGION AKTIV

Region Aktiv
Wendland-Elbetal e.V.

Horst Seide
1. Vorsitzender
Landwirt, Landsatz
horst-seide@vr-web.de

www.wendland-elbetal.de
www.modellregionen.de

Der Verein fördert die nachhaltige Entwicklung der Region in den Handlungsfeldern:
Natur + Schutz
Erleben + Lernen
Land + Genuss
Kraft + Stoff
Durch den Modellwettbewerb des Bundes wurden zahlreiche innovative Projekte umgesetzt.
Werden Sie Mitglied!

DAS PROJEKT WURDE GEFÖRDERT DURCH:

Volksbank
Clenze-Hitzacker eG
Meine Bank fürs Leben

Wir sind eine stark in der Region verwurzelte Bank. Neben unserer Hauptstelle in Clenze unterhalten wir Zweigstellen in den Orten Schnega, Bergen/Dumme, Salzwedel, Lüchow und Hitzacker/Elbe.
Wir beraten und betreuen unsere Kunden und Mitglieder in allen Fragen rund um das Bankgeschäft. Auch die Vermittlung von Immobilien in unserer Region zählt zu einer unserer Hauptaufgaben.

Lange Strasse 32 · 29459 Clenze · Fon 058 44 / 972 - 0 · Fax 972 -22 ·
E- Mail: kontakt@vbch.de · www.vb-clenze-hitzacker.de

NIEDERSÄCHSISCHE
LOTTOSTIFTUNG

Projektförderung aus Erträgen von

BINGO!
Die Umweltlotterie

Die NIEDERSÄCHSISCHE LOTTOSTIFTUNG fördert aus Erträgen der Lotterie Bingo Projekte im Bereich des Natur- und Umweltschutzes und Maßnahmen im Sinne der Agenda 21.

Am TÜV 4 · 30519 Hannover · www.lottostiftung.de

DANKE AN ALLE, DIE ZUM GELINGEN DIESES BÜCHLEINS BEIGETRAGEN HABEN.

Wer auf's Land zieht, der will doch seine Ruhe haben! - So meinen viele. Deshalb danke ich den vorgestellten Personen für ihre Offenheit und Bereitschaft, sich mit ihrem privaten Engagement zur öffentlichen Person zu machen, ein Schritt, der Mut, Selbstvertrauen und Anerkennung verlangt.

Die gemeinsame Motivation aller liegt in der Verbundenheit mit ihrer Wahlheimat, dem Wendland, so wie es ist und auch bewahrt werden soll. Die Auswahl der Personen war schwierig, ist doch der Landkreis voll von interessanten Menschen mit bemerkenswerten Biographien und einem klaren Bekenntnis zum Umweltschutz und zur gelebten Nachhaltigkeit. Wen wundert es, liegen doch allen die Atomanlagen in Gorleben schwer im Magen und die Entwicklung möglicher Alternativen am Herzen. So haben wir uns entschieden, Stellvertreter zu finden, die für typische Personengruppen stehen. Die Auswahl hätte auf viele weitere Personen fallen können. Vielleicht ist dies erst ein Anfang.

WIR DANKEN

der NIEDERSÄCHSISCHEN LOTTOSTIFTUNG für die Förderung der Druckkosten, der VOLKSBANK CLENZE-HITZACKER eG und den FIRMEN, die mit ihren Anzeigen zur Finanzierung beigetragen haben, dem VEREIN ZEE für die gute Kooperation.

Der Verkaufserlös fließt an den ZEE e.V. zur Finanzierung weiterer Projekte.

Herausgeber . Verein ZEE e.V.
Förderverein zukunftsorientierte Entwicklung im Elbetal
Michael Seelig . Werkhof Kukate . 29496 Waddeweitz
www.werkhof-kukate.de

Idee & Text . Michael Seelig . Kukate

Portraitfotos . Timo Vogt . Prepow

Layout . Irmhild Schwarz . Kröte

Textredaktion . Tom Schimmeck . Belitz

Druck . Grafisches Centrum Cuno GmbH & Co. KG . Calbe

Kukate 2008

Weitere Fotos:
Dr. Brigitte Königstedt, Dr. Johannes Prüter
Biosphärenreservat Niedersächsische Elbtalaue